LES CHERCHEURS D'AMOUR

SCÈNES DE LA VIE ROMANESQUE

PAR

PHILOXÈNE BOYER

A se perdre, on se retrouve.
Proverbe du nouveau monde.

PRIX : UN FRANC

PARIS
EDMOND ALBERT, ÉDITEUR,
11, RUE DE SEINE, 11

1855

LES CHERCHEURS D'AMOUR

Ces scènes ont paru dans L'ARTISTE. — Septembre 1855.

PARIS. — TYPOGRAPHIE SIMON RAÇON ET COMP., 1, RUE D'ERFURTH.

LES

CHERCHEURS D'AMOUR

SCÈNES DE LA VIE ROMANESQUE

PAR

PHILOXÈNE BOYER

A se perdre, on se retrouve.
Proverbe du nouveau monde.

PARIS
EDMOND ALBERT, ÉDITEUR
11, RUE DE SEINE

1856

A Mlle AUGUSTINE BROHAN

A M. BRESSANT

Voulez-vous accepter ces quelques pages, qui, protégées par vous, ont failli être une comédie? Vous aviez cru qu'on pouvait intéresser une heure à l'entretien très-simple de deux êtres d'exception: vous m'aviez encouragé quand je vous racontais cette intrigue tout abstraite fondée uniquement sur les révolutions morales qui, entre les deux services d'un souper, peuvent métamorphoser l'âme de deux chercheurs d'imprévu. Vous aviez baptisé ma petite Antoinette, une Diana Vernon venue trop tard, une Mathilde de la Mole, qui, pour son bonheur, rencontre un Julien dans sa caste! Je vous remercie d'avoir eu cette complaisance pour moi et pour mon ébauche, et, si mon guignon a eu raison contre votre amitié, je n'en suis qu'un peu plus beau à dédier les débris sauvés de mon naufrage aux patrons qui s'étaient chargés de lancer ma barque sur le bon Océan.

PH. BOYER.

PERSONNAGES :

CHRISTIAN D'ORVANNES, trente-six ans.
ANTOINETTE DE TERMES, dix-neuf ans.
UN GARÇON DE RESTAURANT.

La scène se passe à Paris, pendant le carnival de 1855.

LES

CHERCHEURS D'AMOUR

Un cabinet du café Anglais. — Il est deux heures du matin. — Candélabres allumés. — Feu dans la cheminée.

SCÈNE PREMIÈRE.

CHRISTIAN, ANTOINETTE, domino noir, demi-masque.

Au lever du rideau, le théâtre est vide. Le garçon ouvre la porte et introduit Antoinette et Christian.

LE GARÇON. — Deux couverts, voilà, monsieur.

CHRISTIAN, *à Antoinette.* — Réchauffez-vous vite, madame, et ordonnez à votre fantaisie.

ANTOINETTE. — Ordonner, monsieur! Du moment où j'ai pris votre bras, je croyais avoir droit à de l'imprévu.

CHRISTIAN. — De l'imprévu! Vous êtes bien indulgente pour la vie et pour moi, madame; mais l'imprévu est chose rare, surtout au cabaret, avec un plafond étouffant, des chandeliers de vilain style, des tentures économiques et une cuisine qui invite à la méfiance. Par grâce, désirez et commandez! J'ai connu un fort aimable garçon qui s'est brouillé avec une personne de bonne mine, à propos d'une omelette soufflée oubliée dans le menu d'un repas. Je ne veux pas de cette destinée-là, madame.

ANTOINETTE. — A cette heure-ci, monsieur, je ne mange de rien, je goûte de tout, et vous pouvez oublier l'omelette soufflée.

CHRISTIAN. — Soit donc, madame. (*Au garçon.*) Apportez ici tout ce qui s'avale, tout ce qui se grignote dans la maison. Une tour de Babel gastronomique... une arche de Noé avec toutes les bêtes... Madame se charge d'y découvrir les colombes! Des hors-d'œuvre surtout, beaucoup de hors-d'œuvre! Aimez-vous les hors-d'œuvre, madame?

ANTOINETTE. — A table, monsieur, c'est comme dans toutes les affaires de ce monde, il n'y a que les hors-d'œuvre et le dessert qui comptent!

CHRISTIAN, *à part.* — Un mot! Déjà! Est-ce que ses cheveux noirs auraient tort? Serait-ce une contemporaine de Louis XV?

LE GARÇON. — Quel vin prendra monsieur?

CHRISTIAN. — Ah! le vin! La question grave! Boire ou ne boire pas, comme dit le poëte! De quel fleuve rose êtes-vous la naïade, madame? Sous quelle treille vous reposez-vous, bacchante? Vous plaît-il le romanée ou le chambertin, c'est-à-dire l'esprit de Piron, toute la verve des Crébillon, presque toute la musique de Rameau? Agréez-vous le château-margaux ou le château-Lafitte, la clef de tous nos châteaux en Espagne, le philtre des amours qui durent l'éternité d'une semaine! Ah! les barbes de votre masque en ont souri! Du bordeaux, n'est-ce pas? Le bordeaux, la vraie conquête de ce cher duc de Richelieu, qui avait conquis tant de choses et quelques bastions par surcroît! — Aimez-vous le duc de Richelieu, madame?

ANTOINETTE. — M. de Richelieu aurait détesté même mademoiselle de Valois, si mademoiselle de Valois n'eût bu que de l'eau, et je n'ai jamais aimé qui me hait!

CHRISTIAN. — De l'eau! vrai? Et vous avouez ça sous le masque, sans orgueil, comme une Allemande avouerait son mari, comme une Italienne avouerait sa fille majeure! Vous êtes adorable, savez-vous?

ANTOINETTE. — Pauvres adjectifs, comme on abuse de vous!

CHRISTIAN. — De l'eau! de l'eau!... quelle ivresse!... Ah! vous n'êtes pas Russe! (*Au garçon.*) Garçon, apportez pour moi du johannisberg d'abord, du porto après, du champagne toujours!

LE GARÇON. — Quel cachet monsieur préfère-t-il?

CHRISTIAN. — Bouzy, Ruinart, Cliquot, poëtes délicats, éditeurs excellents! Garçon, l'encyclopédie d'Épernay!

Le garçon sort.

SCÈNE II.

ANTOINETTE, CHRISTIAN.

ANTOINETTE, *se levant.* — Adieu, monsieur.

CHRISTIAN. — Où allez-vous, madame?

ANTOINETTE. — Je vous laisse à vos études et à vos comparaisons.

CHRISTIAN. — Vous me quittez?

ANTOINETTE. — Assurément.

CHRISTIAN. — Quel crime de lèse-beauté ai-je donc commis, madame?

ANTOINETTE. — Aucun, sans doute... mais j'étais curieuse de feuilleter ce mauvais livre qui se nomme l'orgie d'un homme élégant. La préface m'ennuie, et je rends le volume au libraire.

CHRISTIAN. — Hélas! madame, vous vous vantez! Vous n'avez assisté à aucune préméditation d'orgie, et vous voilà très-inutilement debout devant une table vide, vis-à-vis d'un homme qui vous devine très-belle, qui vous affirme très-séduisante, qui vous a rencontrée au bal masqué, que vous avez suivi très-volontairement, et qui ne vous a pas même tutoyée.

ANTOINETTE. — N'importe, monsieur; j'ai tort peut-être, mais je pars.

CHRISTIAN. — Non pas toutefois sans m'expliquer...

ANTOINETTE. — Que je ne suis pas habituée à ces propos de vigneron dithyrambique? Vous auriez dû vous en apercevoir tout de suite!

CHRISTIAN. — Alors, madame, pourquoi au bal de l'Opéra? Pourquoi au café Anglais? Si vous avez un besoin si pressant d'élégies, que n'êtes-vous à cette heure sous les rideaux de votre alcôve, occupée à déclamer des vers de Lamartine ou à fredonner la correspondance de votre petit cousin! Le carnaval parisien, madame, ce n'est pas une romance, c'est une chanson à boire, c'est une chanson à manger! Sa muse, ce n'est pas Béatrice ou Elvire, c'est Manon qui se déguisera en Madeleine après le bal de la mi-carême.

ANTOINETTE. — Vous seriez un admirable instituteur de filles; mais j'ai été élevée dans un mauvais pensionnat, le pli est pris, et... adieu, monsieur!

CHRISTIAN. — Oh! pour le moins je vous verrai! Votre conduite est un logogriphe dont votre visage m'apprendra peut-être le mot.

ANTOINETTE, *se démasquant.* — Eh bien, oui, monsieur, j'ôte mon masque. Regardez-moi et écoutez-moi. Je me dois de me punir pour la folie que j'ai faite, et je me dois aussi de vous prouver qu'on peut n'être pas beaucoup une Elvire, et n'être pas du tout une Manon!

CHRISTIAN, *à part.* — Belle, bien belle! Elle va me gâter ses yeux avec son roman! (*Haut.*) Ne parlez pas, madame! votre histoire, c'est votre lèvre qui est si fière, c'est votre regard qui est si profond!

ANTOINETTE. — Je devine... vous soupçonnez en moi une tragédie, peut-être Iphigénie, peut-être Ariane! Eh bien, non; je n'ai pas de cinquième acte, et, si je sais sur quel coteau est planté l'arbre de la science, je n'ai jamais mis mes dents dans la pomme.

CHRISTIAN, *à part.* — Fantasque comme une Cidalise de Watteau! (*Haut.*) Commencez votre confession, madame, j'écoute à plein cœur.

ANTOINETTE. — J'ai dix-huit ans et demi, monsieur. Ma mère était fille d'un banquier trois fois millionnaire. Mon père avait assez d'imagination pour dépenser et au delà la dot de sa femme. Héritier d'une noble race, il s'était marié à vingt-quatre ans. Le jour où il en eut vingt-cinq, il était veuf, et je jouais dans mon berceau avec les dentelles noires de mes langes. Vous avez peut-être connu mon père, monsieur! C'était un de ces hommes qui ont cru jusqu'à la fin que l'esprit est chose immortelle en France, et qui ont protesté à coups de paradoxes agis et parlés contre l'influence des marchands de bois et des notairesses. Au siècle passé, il eût été le patron de Rivarol; en 1835, il était l'enfant gâté du prince de Talleyrand! Venu plus tôt, il eût suivi la Fayette en Amérique, Marceau à la frontière, Napoléon partout, prodigue de son sang et soigneux seulement du ruban noué à son poignet par la main d'une coquette adorée! Dans la détestable époque de paix à tout prix et de soldats laboureurs où il lui fallut vivre, il se vengeait de son repos en se hasardant quand même contre le pédantisme des ignorants, contre la vertu des vieilles prudes, contre l'égoïsme des philanthropes, contre toutes les modes victorieusement importées à Paris par le paquebot de Douvres et par la diligence de Francfort! Quand il entrait au balcon de l'Opéra, l'Elssler et la Taglioni se sentaient devant un critique et dansaient mieux. Quand il paraissait dans un salon diplomatique, l'ambassadeur de Pétersbourg se pressentait devant un juge et se taisait. Ah! c'était un homme admirable, mon père, et qui est mort avec toutes les renommées, sans être ministre, sans être académicien, sans être chevalier de la Légion d'honneur!

CHRISTIAN. — Mes ordres vous pardonnent. Mais comment, chère demoiselle, vous êtes orpheline?

ANTOINETTE. — Hélas! oui, monsieur, plus de père, et partant plus d'affection, plus d'expansion vraie, plus rien de ce qui me faisait aimer ma jeunesse. Il était mon confident, j'étais son élève. Pour la forme, il m'avait choisi une institutrice, une véritable institutrice de vaudeville, que je garderai toujours, miss Perdita Paddock, une Anglaise de trente-six hivers qui s'occupe du rachat des nègres et de l'émancipation des blanches, qui, en compagnie, se nourrit de brioches arrosées de sirop de groseilles, et qui a dans sa chambre une armoire encombrée de sandwichs et de bouteilles de sherry. Qu'aurait-elle pu m'enseigner? Elle savait trop de choses! Et puis, que faire d'une gouvernante qui trempe de larmes perpétuelles ses cheveux effilés en branches de saule au souvenir de tous les John et de tous les Robert du calendrier anglican? Pauvre miss Perdita! elle n'a jamais pu me mettre dans les doigts une sonate ou dans la tête une règle de quatre. Je lis couramment *Roméo et Juliette*, je ne suis pas capable de traduire une annonce du *Times!* Et ma triste institutrice, engrenée à toujours sur le railway de la méthode, se désole à me voir courir l'éternel steeple-chase du caprice, et quotidiennement elle étouffe dans son corset mécanique en roucoulant avec les intonations que vous savez : *Oh! quelle partiquioularité! Oh! miss Antonia, shocking!*

CHRISTIAN. — Antonia! vous vous nommez donc...

ANTOINETTE. — Antoinette, monsieur.

CHRISTIAN. — Un don de fée, ce nom-là! Le nom de la fantaisie et de la bonté, le nom du malheur!

ANTOINETTE. — Mieux qu'un don de fée, monsieur! Un nom choisi par mon père! Tandis que miss Perdita dépensait inutilement tous les procédés du Lancastre à me rendre stupide selon les règles, mon père jouait tant avec moi, que je devenais presque savante au jeu! Le livre était le joujou des heures sérieuses. Je ne sais à peu près rien de ce qu'on apprend à l'école primaire. Je savais à dix ans des choses qu'ignoreront toute leur vie les élèves les plus expérimentées du Sacré-Cœur! Oh! nos bonnes promenades sous les bois, moi toute petite, noyée dans mon voile vert, en selle sur un cheval fougueux, et rapide, et sans peur, car il était là, lui, galopant à côté de moi, riant et me faisant rire, et lançant aux échos du printemps quelque gaie chanson d'autrefois, et du bout de sa cravache pendant sur moi les rameaux chargés de fleurs, et me disant avec le nom de la fleur l'histoire de l'oiseau perché dans les boutons! Puis, s'il passait un voisin de campagne, si, par une échappée de la clairière, nous apercevions sur la route le landau de quelque beauté administrative, il esquissait d'un trait si net un portrait ou une caricature, il notait d'un mot si juste le spencer de la préfette et la toque de la présidente! Quand je revenais au château, j'en aurais remontré à Brummel et à madame Baudry. Une éducation toute de songeries légères et de causeries ingénieuses! Ah! si mon père avait vécu, monsieur, je serais maintenant une vraie femme, incapable d'ourler un mouchoir autant que de signer un traité d'algèbre, mais tout à fait propre à commenter Marivaux de vive voix et à porter un chapeau d'amazone, mais paresseuse avec délices et active avec transport, mais experte à dépelotonner le fil d'une conversation parisienne, et jalouse pourtant des jeunes vaillantes qui ont mené la guerre d'aventures parmi les bruyères de l'Écosse ou parmi les genêts de la Vendée.

CHRISTIAN. — Modeste jusqu'à l'orgueil, spirituelle, déterminée et charmante! A ce compte-là, au moins, vous n'avez rien perdu.

ANTOINETTE. — Toute une gerbe de compliments! Au fait, je les ai bien mérités. Je vous parle un feuilleton sur moi, et vous me le payez, absolument comme vous jetteriez un gros sou à une chanteuse de carrefour!

CHRISTIAN. — Le cuivre devient or dans de certaines mains!

ANTOINETTE. — Un compliment encore, et des plus vulgaires! N'importe, j'achèverai! Parler de moi, c'est un moyen de me renseigner sur moi-même, moi, qui ne me regarde plus au miroir, de peur que la glace ne me renvoie le reflet d'un visage inconnu. Ah! depuis trois ans que j'ai suivi le cher cercueil, où est ma joie, où est ma raison d'exister? Être toute seule, à quinze ans, mon Dieu! avec une âme impatiente, éclairée déjà et folle de lumière! Seule après avoir été deux! Seule au milieu d'un monde qui ne pardonne pas à ceux qui le connaissent! L'esprit perd son équilibre; la volonté, sa mesure. On était hier en robe de cheval dans les Champs-Élysées, on sera aujourd'hui en domino noir à l'entre-sol du café Anglais! Et, si l'histoire s'ébruitait dans deux ou trois salons, les femmes rougiraient d'horreur sous les plumes de leur éventail, les magistrats fulmineraient contre la littérature moderne, les attachés d'ambassade admireraient plus complaisamment leur cravate blanche, et personne ne songerait seulement à dire : Voilà une pauvre fille bien malheureuse, qui n'a jamais eu de mère et qui est restée toute seule, à quinze ans, sans père et avec les consolations de miss Perdita!

CHRISTIAN. — Vous êtes peut-être bien sévère pour le monde et pour vous, mademoiselle. Mais comment êtes-vous si délaissée, en effet? A défaut de famille, les amis de votre père... un tuteur, sans doute?...

ANTOINETTE. — Eh! monsieur, mon père m'avait léguée à son meilleur camarade; mais, quand on ouvrit le testament, le légataire était en train de détrôner un prince noir du côté de Madagascar! Depuis ces trois ans et demi on n'a pas eu de nouvelles de mon tuteur!

CHRISTIAN. — Mais, pourtant, les intérêts de votre fortune?...

ANTOINETTE. — Ah! oui, il y a eu une espèce de gérant, — la loi nomme ça, je crois, un subrogé-tuteur, — maître Bontemps, un notaire du vrai module, avec les phrases arrondies, les lunettes d'or et la topaze montée en épingle sur un jabot moucheté de tabac. Excellent directeur, en vérité, pour une fille de mon âge et de ma tête! Au reste, le digne homme a parfaitement compris ses obligations. Les mémoires de ma modiste ont été très-fidèlement acquittés; j'ai très-exactement reçu, le jour de ma fête, un bouquet de tulipes ramassées dans les plates-bandes du galant notaire, et puis, les dix-huit ans sonnés, quand je suis venue lui dire : « Est-ce que vous vous prenez pour mon tuteur? » il a ri. Quand j'ai ajouté : « Moi, je ne me regarde pas du tout comme votre pupille, » il a ri plus fort! Quand j'ai conclu en l'engageant à m'émanciper au plus vite, il m'a promis d'arranger l'affaire dans la semaine, et il a tenu parole! Un subrogé-tuteur fort récréatif, fort expéditif et tel que j'en souhaite un à toutes les pupilles officielles de Sa Majesté Britannique!

CHRISTIAN. — Mais... (vous autorisez toutes les questions, n'est-ce pas?) pourquoi ne vous être pas créé quelque intimité? Pourquoi ne vous être pas mariée?

ANTOINETTE. — Des intimités! un mari! Qu'allez-vous chercher là, bon Dieu? Des intimités dans cette cohue parisienne où tout se brouille comme dans la chaudière de Macbeth, dans les coulisses de ce théâtre où personne ne se résigne à son emploi? Des intimités parmi ces héritiers des noms féodaux qui se font fermiers, et parmi ces villageois qui s'improvisent politiques? parmi ces millionnaires qui dînent à prix fixe, et parmi ces indigents qui donnent à dîner aux millionnaires? Des intimités parmi les madame Jourdain et les comtesses d'Escarbagnas naturalisées dans les deux faubourgs? Des intimités dans ce cercle de duchesses-grisettes qui ne savent plus le français de madame de Sévigné, mais qui contrefont à ravir les lazzi de tous les bouffons célèbres; qui railleraient peut-être Jeanne d'Arc, mais qui pleurent pendant deux hivers sur les mérites de la Dame aux Camellias; qui croient à Dieu par convenance, mais qui croient aux oracles de leurs guéridons par conviction? Des intimités !... allons donc! Et vous ne vous arrêtez pas là... vous parlez de mari ! J'ai deux millions, monsieur, et miss Perdita a dû s'enrichir à me remettre les autographes des prétendants de toute nuance qui convoitent le chiffre de ma bonne grâce ! Qui aurais-je choisi ? Est-ce le comte Victurnien, ce centaure dépité d'aller à pied ? Est-ce le baron Hector, qui a besoin de renouveler les diamants de Luziana la cantatrice? Est-ce le vieux marquis Gédéon, qui me croit phthisique et qui guigne une dot pour la fille de sa cuisinière ? Est-ce le petit prince Grégoire, qui est pourvu d'un bon de Père-Lachaise par trois praticiens célèbres et qui se précautionne d'un mausolée splendide et d'une veuve inconsolable? Est-ce le savant Strickner, qui ne découvrirait pas un commanditaire du sexe mâle pour l'entreprise de son chemin de fer aérien? Est-ce le littérateur Agénor, qui jouerait volontiers le personnage de Mécène pour décider ses confrères les plus faméliques à écouter ses vers après boire? Est-ce?... Mais, tenez, à étudier tous ces gens-là, le cœur me lève, et je me souviens malgré moi d'un horrible dîner du moyen âge où l'on mangea quatre cents cygnes ! Est-ce qu'il ne vous semble pas que c'est justement ça la société d'aujourd'hui, un troupeau d'oisons dévorant la couvée des cygnes déplumés qui survivent?

CHRISTIAN. — O jolie misanthrope que vous êtes ! comme je vous plains et comme je vous envie! Il y a bien de la foi encore dans ce scepticisme-là. Vous vous fâchez contre les réalités : c'est donc que vous vous dorlotez dans un rêve?

ANTOINETTE. — Un rêve! oui, monsieur. Plus d'une fois, par les soirées de novembre, quand les feuilles sèches crient sous mes pieds dans les allées du jardin, je donne congé aux domestiques, j'allume toutes les lampes, je m'habille de ma plus jolie robe, j'agrafe mon bracelet le plus simple, je m'assieds vis-à-vis du portrait de mon père, j'ouvre un livre de poëte et j'attends! Oui, j'attends qu'il entre, ramenant avec lui mon mari, mon mari, son ami et son fils, et qu'il me dise avec la grâce qui n'est qu'à lui : « Ne nous gronde pas, Toinette, embrasse-nous! et puis fais le thé, et puis cause! Tu nous dois un dédommagement! Il a perdu cent louis au whist, et moi, j'ai tenu tête tout le soir à la niaiserie de deux hommes sérieux. » Et alors l'entretien s'improvise rapide, tendre, ironique, tout armé, et je passerais la nuit à chanter ma partie dans notre trio domestique, si miss Perdita ne redescendait pas au salon tout exprès pour donner la chasse à mes fantômes.

CHRISTIAN. — Ne rêvez pas tout éveillée, mademoiselle; C'est malsain, et je connais beaucoup de braves cœurs qui en sont morts.

ANTOINETTE. — On meurt si peu depuis l'importation de l'hydrothérapie, de l'électro-magnétisme et de la philosophie allemande...

CHRISTIAN. — Vous cajolez votre ennemi, mademoiselle.

ANTOINETTE. — Mon ennemi! Qui donc m'aimerait assez pour me haïr?

CHRISTIAN. — Votre ennemi, c'est votre esprit extrême en tout et qui s'ennuie de tout! Vous en êtes à ce vilain moment de la jeunesse où l'on voudrait monnayer des étoiles pour les risquer sur une table de lansquenet, et, pendant ce temps-là, on ne daigne pas s'apercevoir que les billets de banque profitent à ceux qui s'en servent et que les violettes écrasées au printemps ne refleuriront pas en automne!

ANTOINETTE. — Ah! je connais ce sermon de longue date, monsieur : Pourquoi vous ennuyez-vous? Pourquoi n'aimez-vous pas les robes roses? Pourquoi avez-vous des migraines?

CHRISTIAN. — On guérit, même de la migraine, mademoiselle.

ANTOINETTE. — On guérissait il y a deux cents ans, monsieur! Alors, on avait rêvé, on avait convoité, on avait péché, on trouvait à portée un oratoire et un cilice, et l'ordonnance de Bossuet était bonne pour la maladie de La Vallière. Mais, maintenant, les petites filles fredonnent des romances badines sur les nonnes, la sécheresse gagne d'âme en âme, et les incurables se précipitent une nuit dans une intrigue de bal masqué, comme si les courriers de Paris ne leur avaient pas appris que les intrigues de bal masqué sont finies avec tout le reste. Heureusement, je bois de l'eau... Voilà le vin qui arrive, et je vous dis définitivement adieu!

SCÈNE III.

ANTOINETTE, CHRISTIAN, LE GARÇON, entrant avec un plateau chargé de bouteilles.

CHRISTIAN, *au garçon*. — Remportez cela!

LE GARÇON. — Comment! monsieur a commandé...

CHRISTIAN. — Remportez cela... je ne bois que de l'eau.

LE GARÇON. — De l'eau! oh! monsieur plaisante!

CHRISTIAN. — Je plaisante, impertinent? Allons, vite, hors d'ici! Mettez le prix de ce vin sur la carte, et servez-nous quelque chose qui se mange.

LE GARÇON. — Monsieur est obéi.

Il sort en donnant les marques du plus grand étonnement

SCÈNE IV.

CHRISTIAN, ANTOINETTE.

CHRISTIAN. — Et à présent, mademoiselle, resterez-vous un instant de plus?

ANTOINETTE, *souriant*. — L'eau purifie, monsieur, et toute pénitence vaut une absolution.

Le garçon rentre et sert à souper.

CHRISTIAN. — Oh! vous êtes bonne!

ANTOINETTE. — Nous parlerons de ma bonté au dessert. Maintenant... votre appétit est contagieux.

CHRISTIAN, *servant Antoinette*. — Je n'ai plus faim, j'ai honte!

ANTOINETTE. — Honte! Et de quoi, grand Dieu!

CHRISTIAN. — Mais de ma maladresse et de mon indiscrétion.

ANTOINETTE. — Versez-vous à boire, et je vous pardonne.

CHRISTIAN. — Vous redevenez cruelle! Comprenez-moi donc! En me montrant si gauche, j'accomplissais ce soir une obligation de simple politesse.

ANTOINETTE. — O civilité puérile et honnête, où es-tu?

CHRISTIAN. — Ne doit-on pas une carte de visite aux amphitryons chez qui l'on a très-souvent dîné?

ANTOINETTE. — Peut-être! Mais s'ensuit-il que l'on doive la carte des vins à une femme dont on ne connaît pas le visage et dont on ne connaîtra pas le nom?

CHRISTIAN. — Mademoiselle, pitié pour moi! Je venais prendre congé de l'Opéra et des soupers parisiens. Et, comme il faut relever par un peu de solennité les liaisons qui se refroidissent, je procédais à la suprême entrevue selon le cérémonial prescrit et avec les libations d'usage.

ANTOINETTE. — Vous preniez congé de l'Opéra, officiellement ou sincèrement?

CHRISTIAN. — Je n'agis plus pour le public, mademoiselle, n'étant domestique de personne et mes amitiés anciennes m'ayant prémuni contre les nouvelles.

ANTOINETTE. — En ce cas, vous devenez ermite ou mari.

CHRISTIAN. — Ni l'un ni l'autre. Par malheur, j'ai trop lu Voltaire! Par bonheur, j'ai suffisamment lu Molière! Ni ermite, ni mari, mais pacha!

ANTOINETTE. — Est-ce une pierre que vous jetez dans le jardin de mes mille et une nuits?

CHRISTIAN. — Pas du tout! c'est un fait très-prosaïque et assez funèbrement jovial! Je pars demain pour l'Asie Mineure. Mon intendant a dû m'acheter là-bas, quelque part au bord de l'eau, une villa en bois peint, convenablement approvisionnée de fontaines jaillissantes, de palmiers et de Circassiennes. Je vais traduire en parisien le cantique de Salomon, qu'on a appelé le sage parce qu'il s'ennuyait plus méthodiquement que ses petits-neveux. J'aurai quinze femmes, trente enfants, beaucoup de chevaux et quelques tigres. Les touristes français ânonneront à ma gloire les versets du Coran, et je leur réciterai en revanche mille chansons turques composées à propos de ce soir et à propos de vous! Je m'intitulerai le lion généreux, je vous nommerai, dans mes souvenirs, force des cœurs et miroir de beauté, et j'écouterai chanter les rossignols dans les arbres du cimetière où l'on m'enterrera. Le programme ne vous paraît-il pas galant, mademoiselle, et, n'était le mal de mer, n'auriez-vous pas fantaisie de pendre la crémaillère dans mon château d'outre-Méditerranée?

ANTOINETTE. — Parce que vous avez étudié Molière, me prenez-vous pour une ignorante, monsieur, et pensez-vous jouer à mes dépens l'intermède du mamamouchi?

CHRISTIAN. — Vous êtes intolérante, mademoiselle. J'ai accepté votre roman... vous contestez ma biographie. A chacun son lot pourtant sur cette terre. A vous la préface, à moi l'épilogue. A vous les enthousiasmes inconsidérés, les colères inutiles, les désirs téméraires, l'apanage dangereux et charmant de la jeunesse, les primevères écloses de la neige et mieux odorantes parfois après une nuit de giboulées! à moi des sorbets pendant la sieste de l'après-midi, de l'opium matin et soir, et des conspirations de sérail à toute heure!

ANTOINETTE. — Si vous avez choisi la meilleure part, c'est ce que j'ignore; mais je suis assurée que vous l'avez choisie en enrageant.

CHRISTIAN. — Qui le nie? On ne renonce jamais facilement à l'illusion, cet admirable moyen de tromper les autres et de se tromper soi-même, et, quand elle tourne le dos, on médit d'elle. Si, au commencement des siècles, le diable avait eu l'idée de fonder le *Serpent*, journal des siffleurs, le lendemain de la chute, Adam y eût signé un feuilleton contre le paradis terrestre!

ANTOINETTE. — Et vous condamnez mes regrets! Et vous me demandez compte de mes tristesses!

CHRISTIAN. — C'est que pour moi rien ne vaut un regret ou une larme. Ah! croyez-moi, je ne me vante pas! Je n'appartiens pas à la race des misanthropes de seconde main qui paradent dans les drames en faveur, satans dandys qui prennent le feu de leurs cigares pour le foyer de l'enfer, collégiens passés roués parce qu'on leur a sifflé un vaudeville, ou parce qu'ils n'étaient pas le premier et le dernier caprice de mademoiselle Brunette ou de mademoiselle Mimi. Je ne doute de rien ; je jalouse ceux qui ont vu s'épanouir toutes ces nobles choses qui seraient le prix de l'existence, le dévouement, la piété, l'amour ! mais, comme j'ai fait le tour du monde, comme je n'ai rien vu et que je suis las, je me repose !

ANTOINETTE. — Vous avez voyagé longtemps, monsieur ?

CHRISTIAN. — Oh ! toujours. Vous n'avez pas eu de mère, mademoiselle... moi, c'est un père qui m'a manqué. Pour ma mère, je la gênais, elle m'effrayait ! donc, nous nous accordâmes, et je suivis mon éducation de ville en ville. A vingt ans, j'étais accoutumé au roulis des navires, aux cahots des chaises de poste, aux sifflements des machines à vapeur. J'ai continué à respirer et à aspirer dans ce tourbillon perpétuel. Mais le voyage, n'est-ce pas bien là le plus stérile et le plus fatigant des labeurs ? A quoi bon Bade, quand on a Enghien ? A quoi bon Rome, quand on a le Louvre ? Pourquoi le quai de l'Arno, quand on a la Seine et le pont des Arts ? Pourquoi l'univers, quand on a la photographie et l'Opéra ? Des éperlans croqués sous une tonnelle de Bercy valent-ils pas des whitebaits avalés dans une taverne de Greenwich, ou des nageoires de requins dégustées dans un restaurant de Canton ? Et un homme a-t-il sujet de s'admirer démesurément, parce qu'il a escaladé quelques pics en crachant ses poumons, pour se mieux convaincre, au sommet, que le brouillard est impénétrable à tous les télescopes du monde ? Les voyageurs, mademoiselle, ne se mettent en route que pour consoler le Juif errant, en partageant son supplice, sans y être invités par aucun arrêt de cour d'assises.

ANTOINETTE. — Mais les sympathies imprévues... les rencontres inespérées ?...

CHRISTIAN. — J'y rêverai demain, mademoiselle.

ANTOINETTE. — Restons à l'histoire d'hier, monsieur. On juge à faux ses contemporains.

CHRISTIAN. — Eh bien donc, mademoiselle, et quant aux... sympathies, comme vous dites, jusqu'à ce soir j'ai hanté des marquises à Madrid, des comtesses à Florence, des duchesses à Londres, des sauvagesses de bonne race dans des Polynésies qui n'ont pas eu leur capitaine Cook, des institutrices dans des faubourgs qui attendent un Balzac! J'ai courtisé des Cafrines vêtues d'un collier de corail et des Egyptiennes très-orgueilleuses de promener en face des pyramides leurs chapeaux inventés au coin du passage du Saumon! J'ai consolé la nostalgie d'une Chinoise dépaysée, en lui dédiant pendant deux mois une botte de camellias blancs et d'héliotropes. J'ai été agréé par une improvisatrice romaine dont je préparais les sonnets. J'ai remplacé un grand poëte dans le cœur d'une Prussienne blonde, et j'ai tenu la place jusqu'à l'instant où la dame s'est affolée du trente et quarante! Somme toute, j'ai été encouragé.

ANTOINETTE. — Et, parmi tant d'aventures, pas un sentiment vrai? pas un amour?

CHRISTIAN. — Amour, mademoiselle, un mot qui sonne creux à mon oreille et qui me représente tout au plus le passe-temps des paresseuses, le génie des niaises et le masque des intrigantes!

ANTOINETTE. — Allons, voilà la vanité masculine en jeu! « Sur dix mille femmes, il n'y en a pas une, » n'est-ce pas? Vous avez sur ce sujet-là beaucoup de proverbes très-concluants... pour vous, messieurs; et, si quelque femme médite une riposte et entre en lice, elle est déclarée tout de suite insurgée, de par votre sainte alliance, et traitée avec les rigueurs du code martial. Ai-je raison?

CHRISTIAN. — Il y a bien quelque justesse dans votre plaidoyer; mais ne m'imputez pas le réquisitoire. Pas une femme, ô ciel! j'en ai connu cent qui étaient idéales.

ANTOINETTE. — Quelle nouvelle épigramme est-ce là? et qu'est-ce qu'une femme idéale?

CHRISTIAN. — Une femme idéale, c'est celle dont on applaudit les aquarelles, celle dont on bisse les romances, celle à qui l'on offre ostensiblement des bouquets pendant le carnaval, celle avec qui l'on valse à l'ambassade une fois de plus qu'il n'est convenable, celle qui impose à ses fidèles des mines d'anachorète pendant la seconde moitié du carême; et c'est celle aussi dont on a oublié la voix, les yeux, le nom même, sitôt après Pâques, quand on se raccommode avec les gaietés naturelles, avec les lilas qui poussent et avec les paysannes qui vont braconner sous les premières feuilles en société des gardes champêtres. Une femme idéale! un sourire d'ivoire et un entretien de marqueterie. J'aimerais mieux une saltimbanque... j'aimerais mieux, j'ai mieux aimé une folle!

ANTOINETTE, *riant.* — O triomphe d'une raison si austère! une folle! contez-moi donc ça... ça doit se terminer par une cavatine, comme dans *Lucie*.

CHRISTIAN. — Oh! ne raillez pas, mademoiselle! si insensible que la vie m'ait laissé, j'ai sangloté, moi. J'étais assidu aux leçons d'un savant médecin, providence d'un asile d'aliénés. Curieux d'abord, j'étais vite devenu affectueux et fraternel pour ces pauvres malades, exilées d'elles-mêmes. Je les connaissais, je les plaignais, je les admirais quelquefois! Je m'étonnais de découvrir dans ces imaginations obscurcies tant de caprices ingénieux, tant de sentiments profonds, tant de qualités excellentes! Les vertus qui se perdent partout, la dignité, la résignation, l'extase, mes folles me les ont révélées! Et je me suis demandé souvent si les peuples n'ont pas raison qui vénèrent comme des saints les malheureux isolés de nos calculs grossiers et de nos basses ambitions, et si la folie n'était pas, elle aussi, une maladie sacrée, comme l'encens, cette maladie des arbres; comme les perles, cette maladie de l'Océan; comme la poésie, cette maladie de l'homme; comme l'amour, cette maladie de tout le monde... Mais vous souriez encore! Allons, il faut arrêter là ma confidence, et l'on n'a pas dix-huit ans pour rien.

ANTOINETTE. — Oh! vous voilà méchant! Je souris, parce que miss Perdita veut précisément que je sois folle, et parce que vous me réhabilitez! Continuez, continuez!

CHRISTIAN. — Parmi mes amies de l'hospice, j'avais distingué une enfant, véritable enfant! seize ans, blanche, mignonne, plutôt amaigrie que maigre, un type de Greuze achevé par Delacroix! Elle était descendue à cette misère après beaucoup d'infortunes! J'appris à propos d'elle toute une déchirante épopée domestique; Paul et Virginie ressuscités dans une mansarde de la place Maubert. Seulement, cette fois, c'était Paul qui était parti, et Virginie restait à l'asile, dolente, du doigt montrant le ciel et murmurant du bout des lèvres quelques fragments de chansons sur les âmes enamourées qui se rejoignent au sein de Dieu! Et, avec cela, si douce, si complaisante aux rages passagères de ses compagnes, si reconnaissante pour le bon docteur! Je voulus tenter un essai. La science que j'avais gagnée, je la mis au service de Madeleine! Retirée de l'hospice, elle fut soignée chez moi, près de moi, par moi; elle était mon éternel souci, elle était mon unique passion, elle m'enseignait le devoir! Et, quand elle s'endormait tranquille, quand la journée s'était passée sans accès, seul avec moi-même, je croisais mes mains sur ma poitrine, je tombais à genoux et je me maudissais d'avoir oublié mes prières.

ANTOINETTE, *très-émue*. — Oh! je prierai pour vous, moi! Achevez, achevez!

CHRISTIAN, *très-troublé*. — N'oubliez pas cette promesse-là, mademoiselle.

ANTOINETTE. — J'irai prier avec Madeleine, monsieur!

CHRISTIAN, *douloureusement*. — Avec Madeleine!... Écoutez. Depuis quelque temps, Madeleine se calmait; ses fraîches couleurs se ravivaient, sa voix tintait plus clair quand elle me nommait son ami; elle pouvait sortir; je l'accompagnais au bois, et les filles montraient à leurs mères cette fille qui m'était venue si maladive, si délicate, si belle aussi dans ses robes de demi-deuil. Un jour enfin, — oh! je l'effacerai de ma mémoire, ce jour! — elle entra dans mon cabinet plus parée, plus assurée, plus légère : elle pressait la fin de mon travail, elle attendait mon bras! Tandis que je signais une lettre inutile, elle parcourait un cahier laissé sur mon bureau par négligence, par fatalité! c'était le résultat de mes observations médicales; c'était la chronique journalière de sa maladie et de sa guérison. Elle lisait, elle lisait, et je ne m'apercevais de rien! mais enfin le cahier lui tomba des doigts; au bruit je relevai la tête... il n'était plus temps! Elle se frappait le front aux murailles, elle déchirait sa chevelure, elle criait d'un accent profond : Je suis folle! je suis folle! Puis, comme j'essayais de lui mentir encore, elle me dit lentement alors et cherchant pour la dernière fois des paroles : « Ah! pourquoi m'avez-vous retirée de là-bas? Je ne serais pas infidèle à mon premier serment de fiançailles, je ne vous aimerais pas et je ne mourrais pas! » Et en même temps elle avait ouvert la fenêtre, et une minute après il ne restait de cette aimable créature que le corps d'une pauvre folle suicidée et condamnée à descendre dans la tombe sans prières. Mais n'est-ce pas, n'est-ce pas, vous prierez pour elle?

ANTOINETTE, *pleurant.* — Vous voyez bien que je prierai, puisque je pleure!

CHRISTIAN. — Merci! Et maintenant comprenez-vous pourquoi je pars? comprenez-vous pourquoi j'étais ce soir à l'Opéra, et pourquoi, ne vous devinant pas, je voulais?... Oh! avoir pu être utile et ne l'être plus! et sentir qu'on a compromis sa vie, et que c'est fini, et que jamais main aimée n'étreindra la nôtre!... Être seul, et décidé à la solitude plutôt que résigné à la familiarité banale!

Antoinette tend sa main à Christian, qui la couvre de baisers; elle la retire vivement. — Il se fait un long silence.

ANTOINETTE, *gaiement.* — Vous ne buvez pas, monsieur, et j'ai à vous proposer une santé. Mais, au fait, on ne trinque pas avec de l'eau dans son verre.

CHRISTIAN, *confus.* — Oh! mademoiselle...

Antoinette sonne, le garçon entre

ANTOINETTE, *au garçon et un peu timidement.* — Une bouteille de vin de Champagne.

Le garçon sort.

CHRISTIAN. — Que faites-vous là?

ANTOINETTE, *gaiement.* — Taisez-vous donc! il faut respecter les usages.

Le garçon rentre, verse le vin de Champagne, et sort stupéfait.

ANTOINETTE, *le verre à la main.* — Au souvenir et au regret!

CHRISTIAN, *le verre à la main.* — A vous qui vous souvenez! à vous qui consolez!

ANTOINETTE. — Qu'il ne soit donc pas question de moi! Je suis ici la première venue, une fille qui passe, moins que cela, une demoiselle errante de bal masqué.

CHRISTIAN. — Et c'est de quoi je me fâcherai malgré vous et malgré moi-même. Vous, à cette heure, hors de votre hôtel, à la table d'un libertin comme moi, et vous y avez pleuré! Larmes perdues! dirait le monde. Larmes coupables! diraient peut-être les sages. Ah! telle que vous êtes, vous vous devez à ce qui est légitime, pur, sacré, humain enfin! Votre père vivrait qu'il vous condamnerait à la médiocrité d'une union raisonnable, parce que vous êtes née pour être utile, en vous faisant aimer, parce que vous serez une chaste femme et une admirable mère! Rien ne bat donc dans ce sein si vite remué par les douleurs d'un inconnu, quand vous dites ce mot-là où il y a des poëmes : être mère!

ANTOINETTE. — Moi! Le dimanche, je suis obligée de m'appuyer de toute ma faiblesse sur le bras de miss Perdita quand, après la messe, je rencontre quelque femme de boutiquier, portant gauchement une toilette absurde, affichant sa race dans la couleur de ses gants, belle pourtant, parce qu'auprès d'elle marche l'enfant, l'écolier de dix ans, qui tout bas se dit en la reconduisant : Ma mère est la plus jolie de toutes! Et il va, portant fièrement le livre de prières, comme demain il apportera joyeusement son premier prix de latin. Oh! ces femmes, je les envie! elles sont heureuses!

CHRISTIAN. — Oui, heureuses! Et vous préférez à ce bonheur un esprit de petit journal délayé dans des fantaisies de conteur allemand. Je vous plains!

ANTOINETTE. — Et où est le mari honnête et digne qui m'accepterait quand je lui aurais confessé et les tourmentes éternelles de mon âme, et mon escapade de cette nuit? Mais vous, vous! pourquoi ne pas renouveler une épreuve de désintéressement et de charité? Pourquoi cette oisiveté qui est le néant? Pourquoi ne compter pour rien dans les fatigues et dans les conquêtes d'une époque?

CHRISTIAN. — Voulez-vous que je me fasse clerc d'avoué ou que j'entreprenne des réformes dans l'éducation des vers à soie?

ANTOINETTE. — Eh! monsieur, il y a partout des terrains à défricher, partout des âmes à ensemencer! Il y a votre cœur à relever et à recomposer sans opium... et sans Circassiennes! Il reste encore, malgré toutes les extravagances que nous débitons là depuis deux heures, bien des Madeleines qui ne sont pas à l'asile des aliénées.

CHRISTIAN. — Je le sais, et, comme vous, j'ai mes sensations secrètes vis-à-vis de certains tableaux. Il y a, sur le boulevard, des restaurants affectés aux noces bourgeoises. Vers le soir, quand je passe devant les fenêtres éclairées, sous le balcon où les deux amants se confient encore une fois tout bas cet amour qu'ils ont le droit d'avouer tout haut, je tremble et je pâlis, moi qui ai soutenu deux ans les dures embuscades de la Kabylie. Mais une compagne pour moi, est-ce possible? Moi, désenchanté avant le prestige; moi, flétri avant les fautes; moi, vieillard avant les cheveux gris, est ce que je puis prétendre à cette sublime responsabilité du père de famille? Songez, d'ailleurs, que je serais très-difficile! Je refuserais et l'orgueil d'une princesse qui m'élèverait jusqu'à elle, et la vanité d'une couturière qui voudrait se hausser jusqu'à moi. Je demanderais à celle qui s'attacherait à ma fortune beaucoup d'indulgence, et, pourtant, une main capable de m'indiquer les écueils, une résolution ferme de m'en préserver. Je la voudrais coquette, mais de cette coquetterie qui est l'électricité même du cœur et qui force le mari, toujours amant, à mériter toujours une tendresse inappréciable! Je l'exigerais rêveuse, ouverte à toutes les impressions, sympathique à toutes les formes de la beauté. Une lyre enfin, et une lyre qui ne sût toucher d'aucun instrument!

ANTOINETTE, *légèrement*. — Est-ce que vous avez envie de me flatter sur mon ignorance musicale?

CHRISTIAN, *mélancoliquement*. — Vous flatter! vous flatter! Vous avez donc senti que c'est vers vous, que c'est à vous que vont ces vœux que je réprime? Vous avez calculé l'événement de ce soir? Vous savez que, si je vous revois et si l'on vous appelle devant moi : Madame, ce qui reste vivant en moi sera ôté? Et moi qui disais que je ne voulais pas aimer! Ah! il y a une force qui nous joue et qui nous déjoue! Plaignez-moi, mademoiselle, plaignez-moi!

ANTOINETTE, *très-émue*. — Nous nous plaignons trop, monsieur. Adieu! adieu!

CHRISTIAN. — Ah! vous me haïssez! Je ne vous reverrai plus!

ANTOINETTE, *se rassurant*. — Si. . peut-être... dans un bal... au théâtre... Adieu!

CHRISTIAN. — Mais vous ne pouvez pas partir seule... et je vais...

ANTOINETTE, *rassurée et très-gaie*. — Restez, je vous en supplie! Miss Perdita m'attend dans le salon d'en bas. Elle doit être en contemplation devant un des domestiques de la maison! Elle me prouvera demain qu'il ressemble à William Shakspeare. Bonsoir, monsieur; prenez donc la main que je vous tends... en souvenir de Madeleine.

Elle sort.

SCÈNE V.

CHRISTIAN, seul.

Seul!... Elle n'est plus là! O la punition de ma jeunesse mal dépensée! Mais je la retrouverai! *(On entend des cris dans l'escalier.)* Du bruit! on l'insulte peut-être... Oh! je vais...

SCÈNE VI

ANTOINETTE, CHRISTIAN.

ANTOINETTE, *rentrant vivement.* — Cet escalier est plein de monde... Il faut que je réclame de vous une hospitalité de cinq minutes.

CHRISTIAN. — Ah! vous êtes avare! vous estimez la valeur de votre temps.

ANTOINETTE. — Une épigramme, vraiment! Mais je revenais aussi pour vous interroger. Est-ce qu'il vous semble bien loyal qu'après nous être livré nos secrets, qui ont du prix, nous nous réservions notre nom, qui, pour cette fois seulement, n'en a guère. Je viens vous apprendre mon nom; je viens chercher le vôtre.

CHRISTIAN. — Merci! merci! Mais qu'importe votre nom? Pour moi, vous vous nommez amour!

ANTOINETTE. — Je me fâcherais bien... mais nous n'en finirions jamais. Je commence... Je me nomme Antoinette de Termes!

CHRISTIAN. — Votre père était le marquis Gaspard de Termes?

ANTOINETTE. — Oui.

CHRISTIAN. — Ah! vos visions avaient raison, Antoinette! J'aurais été le fils et l'ami de votre père, si nous n'avions pas à regretter et à nous souvenir!

ANTOINETTE. — Qui êtes-vous donc?

CHRISTIAN. — Le marquis de Termes a parlé souvent à sa fille du comte Christian d'Orvannes.

ANTOINETTE. — M. le comte d'Orvannes?. . Il vous aimait!... Il vous trouvait bien déraisonnable, bien prodigue... il ne vous aurait pas reçu à la maison quand j'étais petite; mais il vous aimait. et il s'est souvenu de vous en mourant.

CHRISTIAN. — Vraiment? Redites-moi cela encore! Vous êtes son esprit amélioré. Est-ce que vous répudierez l'héritage de ses affections?

ANTOINETTE. — Quand je le souhaiterais, ce serait impossible. Il y a une phrase dans le testament de mon père... Et puis, il vous a légué un petit bois qui rejoint mes terres. Vous sauriez cela si vous visitiez plus souvent vos propriétés. (*Très-bas.*) Nous consacrerions là une chapelle à sainte Madeleine, si vous ne partez plus pour l'Orient.

CHRISTIAN. — Oh! oubliez! oubliez!

ANTOINETTE. — Comte, le printemps est en avance cette année, et miss Perdita brûle de revoir le second clerc de maître Bontemps, qui ressemble à Henri VIII, à ce qu'elle affirme. Je partirais volontiers pour Blois demain. Si vous vous trouviez par hasard dans le même waggon, le voyage serait moins fatigant que la traversée de l'Asie Mineure!

CHRISTIAN. — Vous êtes un ange!

ANTOINETTE. — J'étais bien sûre que je vous amènerais à me débiter une grosse banalité, terrible fabricateur de paradoxes que vous êtes ! Mais à quoi pensez-vous encore ?

CHRISTIAN. — A Polycrate, mademoiselle.

ANTOINETTE, *étonnée*. — A Polycrate?

CHRISTIAN. — Oui, vous savez, ce tyran de Samos qui était trop heureux ! Il jeta un soir à la mer un anneau précieux pour conjurer la colère des dieux, qui, en ce temps-là, étaient jaloux du sourire des mortels. Le lendemain, l'anneau revenait sur sa table dans le ventre d'une dorade, et, deux jours après, il était dépossédé, et, qui moins est, assassiné ! Nous avons fait tout le contraire : nous avons cherché notre anneau dans tous les océans où il ne pouvait pas se cacher, et voilà qu'au bout de tout, il nous arrive...

ANTOINETTE, *la carafe à la main*. — Au fond de votre carafe d'eau !

CHRISTIAN, *prenant la bouteille*. — Au fond de votre bouteille de champagne !

ANTOINETTE. — Ce qui veut dire, comte?...

CHRISTIAN. — Ce qui veut dire, comtesse, qu'à se perdre on se retrouve !

ANTOINETTE. — Venez vite... nous allons ressembler à un proverbe, et miss Perdita nous attend !

CHRISTIAN. — C'est que je tiendrais à poser un tout petit point d'interrogation ; mais je n'ose pas.

ANTOINETTE. — Osez tout de suite : vous oseriez après-demain !

CHRISTIAN. — Pourquoi avez-vous pris mon bras au bal plutôt que le bras d'un autre?

ANTOINETTE. — Comte, vous êtes trop curieux ! Mais je vous répondrai peut-être là-dessus.

CHRISTIAN. — Quand donc?

ANTOINETTE. — Quand l'aumônier du château vous aura donné le droit de tout savoir!

Ils vont vers la porte du fond, qui s'ouvre — On aperçoit une dame masquée vêtue d'un domino de moire bleu-ciel avec des rubans feu. C'est miss Perdita Paddock. — Christian salue, Antoinette rit, le rideau tombe.

PARIS. — IMP. SIMON RAÇON ET COMP., RUE D'ERFURTH, 1.

www.ingramcontent.com/pod-product-compliance
Lightning Source LLC
LaVergne TN
LVHW021638170726
843501LV00007B/2294

* 9 7 8 2 3 2 9 6 5 7 6 9 1 *